This Story Book Belongs to

_____

On the following pages You will find pages to color. Prompt pages with questions to answer about Black History. There are also Word Search Puzzles, along with a few Word Matches, & Fun Mazes to complete.

Who wrote Native Son?

Puzzle #1
BANTU GROUPS

```
O  K  I  L  I  X  D  B  K  A  B  G  N  A  J
V  L  B  A  H  D  O  F  M  W  M  I  R  T  Q
A  K  O  P  I  F  Z  G  S  G  A  E  P  B  V
O  M  K  H  M  O  J  I  N  C  J  N  H  Z  O
D  C  O  B  A  L  A  G  N  A  B  A  G  N  K
I  P  H  B  D  B  V  R  Z  G  B  L  F  O  U
K  E  U  V  A  H  A  R  I  W  Z  U  U  C  M
I  T  T  A  K  B  M  T  A  B  M  L  L  U  U
D  A  U  E  K  K  A  K  S  L  F  Y  I  S  I
I  L  B  A  Z  O  M  B  E  A  O  B  R  L  R
K  U  O  M  B  R  I  Y  I  D  M  G  I  N  F
I  C  P  K  E  U  J  N  E  N  N  B  N  M  K
M  H  B  U  E  B  K  G  A  V  D  O  A  E  G
N  S  W  M  L  L  X  V  Z  K  R  I  A  F  L
Z  U  B  Q  J  C  E  B  S  K  D  E  E  K  R
```

ANGBA	BEMBA	HUTU
BABINDI	BIRA	IBOKO
BABOMA	DIKIDIKI	KANIOKA
BAHOLO	DZING	KAONDE
BANGALA	FULIRI	KUBA
BANGO	HAVU	KUMU
BATSAMBA	HEMA	KWANGO
BAZOMBE	HIMA	LENGOLA

Maze #1

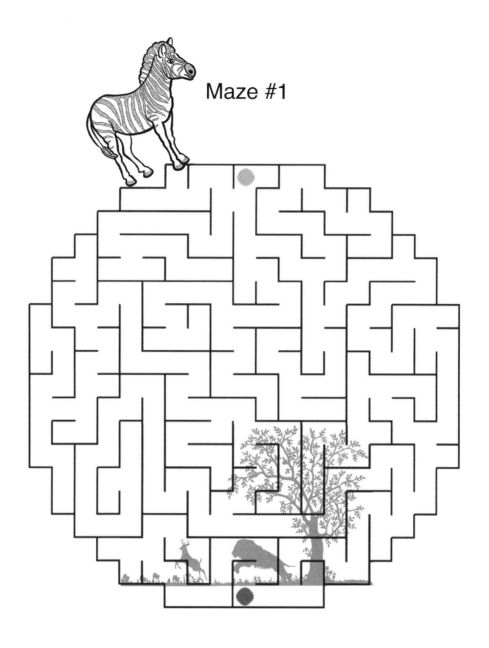

Puzzle #1

Match the Ethnic Group with Country

Kongo	Angola
Maghrebis	Ethiopia
Nilotes	Nile Valley
Nubians	Nigeria
Oromo	Egypt
Shona	South Africa
Somali	Djibouti
Wolof	Senegal
Yoruba	Algeria
Zulu	Morocco
North Arabs	Mozambique
Afrikaans	Namibia

Puzzle #2
BANTU GROUPS

```
O F R R O D A T A B M Z U V N
V G Q O U T E T E L A J P A H
N Y A N G A C L K B J N C X L
X G P C A N A G N U M N P O Q
U J T E M B O W X F N O P M Y
Q O S A N G O S Y I W K G L W
G W B N E D P C U G Z U U N A
M I N A N D E W M K X N Y M K
X A M B A L A M E J U G A B U
Y P B A J D U B S A L S K Y T
F L U N R M P O G I W M O Y I
T B Z G N I K L Y A O B M W P
X H A O N P V E K A B P A Z X
P J H L A W A L W A C P O T O
I D Y I B T O P O K E M F P S
```

BANGOLI	NGOMBE	SUKUS
BUDJA	NKUMU	TABWA
LAWALWA	NYANGA	TEMBO
MBALA	PENDE	TETELA
MBOLE	POPOI	TOPOKE
MBUZA	POTO	UNGANA
NANDE	SANGO	VIRA
NGOLI	SONGO	WAKUTI

Who was Constance Baker Motley?

_____

_____

Maze #2

Who was Emmet Till?

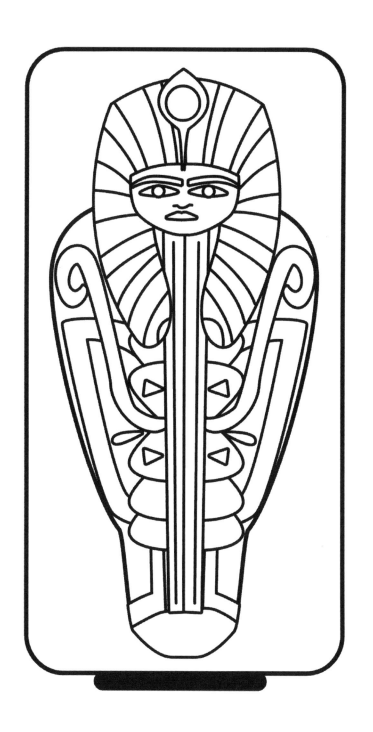

_____

_____

_____

Where was Malcolm X killed?

Puzzle #2

Match the Ethnic Group with Country

Akan	HornofAfrica
Abyssinians	Maghreb
Bantu	Malawi
Berbers	Niger
Chewa	Namibia
Amhara	West Africa
Fulani	Chad
Hausa	Ethiopia
Hutu	Rwanda
Igbo	East Africa
Kanuri	Nigeria
Khosian	West Africa

Who was Blind Tom?

Maze #3

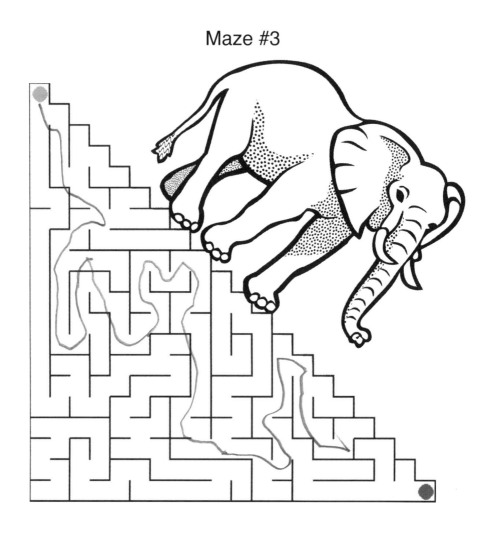

_____

_____

_____

Puzzle #3
CENTRAL AND EAST AFRICA

```
T Q Y L G E S O G N O M O R O
I M O H E Q O M Q U R B G A B
G X B E D D H B G I R Z D G L
R P L J S E N H M Q L A E W L
E A D I A H S A R A F A G A W
B S J A R A T O Z M M S M E L
G P I N A I J I M H F A M O Q
C K N D E P D E G A J H G S S
P G B I A L S Q B R H O D N V
U D N U B M I V O A A G Y R R
W E L A Y T A B S L M Y O H T
T N D P F T Y A X W R B A M F
S X W E E K L K B B A F U N R
G V S S U F M D E H P T V T Q
P Z S I A W A H G A Z S D Z I
```

AFAR	MONGO	SOMALI
AGAW	NGAMAMBO	TIGRAYAN
AMHARA	OROMO	TIGRE
BAMBUTI	OVIMBUNDU	WELAYTA
BEJA	RASHAIDA	ZAGHAWA
BILEN	SAHO	ZANDE
GURAGE	SARA	
MOGHAMO	SIDAMA	

Where was the first Sit In at a segregated lunch counter? (Hint the date was 2/1/60)

Safari Sam

_____

_____

Puzzle #3
MATCH LANGUAGE TO REGION

Arabic　　　　　　　　Swaziland

Berber　　　　　　　　Gauteng

Amharic　　　　　　　Tanzania

Tigrinya　　　　　　　Sindebele

Malagasy　　　　　　　Malawi

English　　　　　　　　Madagascar

Chewa　　　　　　　　Comoros

Sesotho　　　　　　　　Morocco

Swahili　　　　　　　　Ethiopia

Swati　　　　　　　　　Zimbabwe

Shona　　　　　　　　　Eritrea

Xhosa　　　　　　　　　Zambia

Who was the first African American Astronaut in Space?

Maze #4

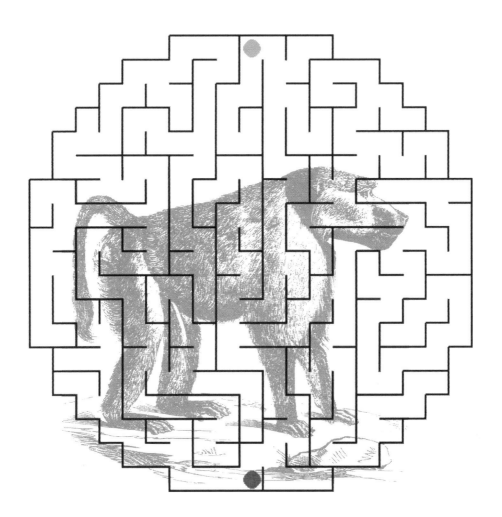

Who was Arthur Ashe?

According to statistics what was the highest population of slavery in the U.S.?

Puzzle #4
FIND THE CITIES OF KENYA

```
V D J P W J M E Y U B E W Q M
B U X U B B W A Q E M T C K H
A M O G N U B E G U A U Y E E
R I T F S E L A T I K L S R E
A T S K E R O K A O H V J I T
G H N U I T T K I D W I K C K
O O C J B L C S I L A P V H R
I A T A G N A L Y A I D O O W
W V A Z E K U M A L M F I S U
U A K H L B E R E T U B I J N
O L J R D O I Q G K K A U H D
L K F I O X G N X A I O E C A
T S A T R S V G A R I S S A N
D Y G J E M B U P I N M I E Y
S U M A T A W P F N D M Z I I
```

BARAGOI	EMBU	KITALE
BUNGOMA	GARISSA	LAMU
BUSIA	KERICHO	LANGATA
BUTERE	KEROKA	VIHIGA
DADAAB	KIAMBU	VOI
DIANI BEACH	KILIFI	WAJIR
ELDORET	KISII	WATAMU
EMALI	KISUMU	WEBUYE

Puzzle #4
MATCH THE CITY TO THE REGION

Mekelle   Somali

Gondar   Assaba

Adama   Oriental

Jijiga   Oromia

Bonga   Maniema

Oujda   Trarza

Balamba   Amhara

Bagata   Bandundu

Kabambare   Guidimaka

Kiffa   SNNPR

Boutilimit   Katanga

Ghabou   Tigray

Who was John Baxter Taylor Jr.?

_____

_____

_____

Maze #5

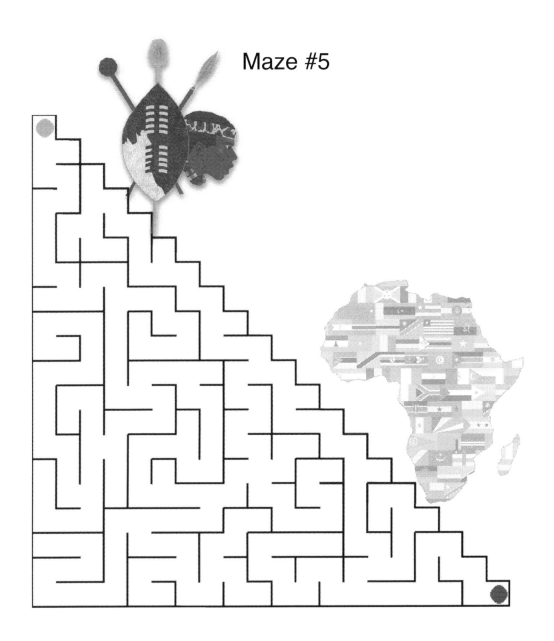

Who was the first African American Major Baseball Player?

Puzzle #5
FIND THE CITIES OF NIGERIA

```
I A Q A B A K A L I K I R U N
R B T O M B T I J X L S I K P
I A A E G E O U X U H F M P Z
B I B D M N E K E B M O G L
B D T A A I I N R O J A A D G
T U V I L N J L O F E X K K N
M E G M K A U N A B I B P L I
Y A K U R E C A I J A Z A K K
R D I E M V O D S H E J W X E
V H U G N A J D W U C N F I J
W P K T A B A S A W G U U J A
F J E S S O W M H B N B A G Y
Q C I B B E K N I N R I B B U
R Z F V K M A N V B F A F H A
N E E F N I L O R I N Q O H J
```

ABAKALIKI	AWGU	EKET
ABEOKUTA	AWKA	ENUGU
ABONNEMA	BAUCHI	GOMBE
ABUJA	BENIN	GUSAU
ADO EKITI	BIRNIN KEBBI	IBADAN
AKPAWFU	BUGUMA	IFE
AKURE	CALABAR	IKEJA
ASABA	DUTSE	IKIRUN

_____

_____

_____

Maze #6

"I know why the Caged Bird Sings" was written by who?

Who was Stokely Carmichael?

Maze #7

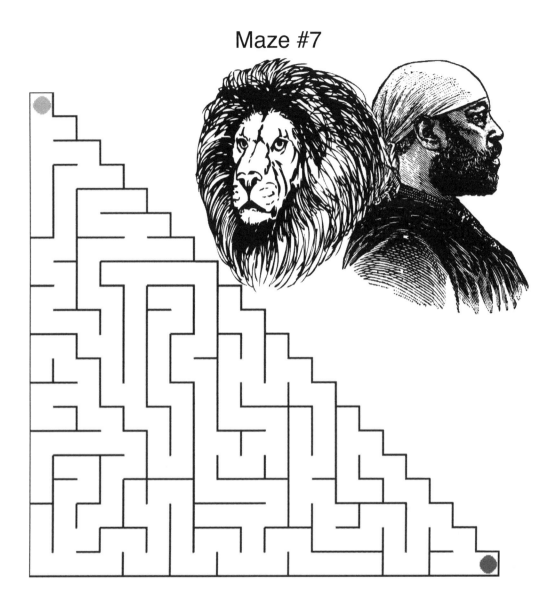

Who was the first African American to appear on a U.S. Postage Stamp?

Puzzle #6

FIND THE CITIES OF NIGERIA

```
Z R L O M I N N A V W U O Z V
T Q Z O S A R A S E S G M D W
I R R E W O N U H U K R U C Q
A L I M I L M A G S K O A F I
A E P R A K B O N U T K R Z V
I K G L R K C L B I D I A L J
N K A R U O U P A G M I N A U
V I A F F O B R R F O A A O Z
X Z X B K R Z X D U I L G M O
L K Y O B K A T S I N A Q O S
H O Q N M A A N D A R G L K H
B M K D X D I N O O U O G E O
Q T R O Z U X E O R G S R N G
R L F L J N Z W E G O H J E B
Q K V N Y A Y I R A M U K Q O
```

KABBA	LEKKI	OGAMINANA
KADUNA	LOKOJA	OGBOMOSO
KANO	MAIDUGURI	OKENE
KARU	MAKURDI	OMU ARAN
KATSINA	MINNA	ONDO
KUMARIYA	NNEWI	ONITSHA
LAFIA	NSUKKA	ORLU
LAGOS	OFFA	ORON

Who were the Brotherhood of Sleeping Car Porters & What did they do?

Maze #8

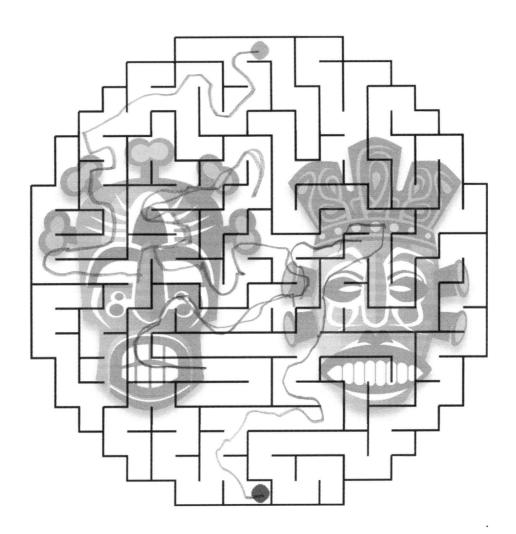

What is Executive Order 9981 & who signed it?

Puzzle #7
NORTH AND WEST AFRICA ETHNIC G

```
B M A G H R E B I S T C B D N
C L F Z U C E H Q G X J L Q U
A B B Q O I O G A A C D F C B
I R J Z K N F P Y J X E I M I
E B A K A X G K T P V N C O A
Q E U B E R B E R S T D P O N
K N N B M U A D A F A I B R S
Q I D T Y A O G O D V N A S E
Z N F H E U B B G O L I N N Z
A H I E W K G A U A X H J Q S
G R G T K X E T A O B N X M G
H A U S A H Z L M S T W T R W
A K Q F L R S G E R A U T N Y
W R F V B L A W U D E B B T Z
A Q S O N F I H U K A K A N B
```

ADELE	BERBERS	ESAN
AKAN	BIAFADA	FUR
AKU	BUBI	HARATIN
BAGGARA	COPTS	HAUSA
BAKA	DENDI	MAGHREBIS
BAMBARA	EFIK	MOORS
BASAA	EGYPTIANS	NUBIANS
BENIN	EKET	TOUBOU

Who was Carl Stokes?

Maze #9

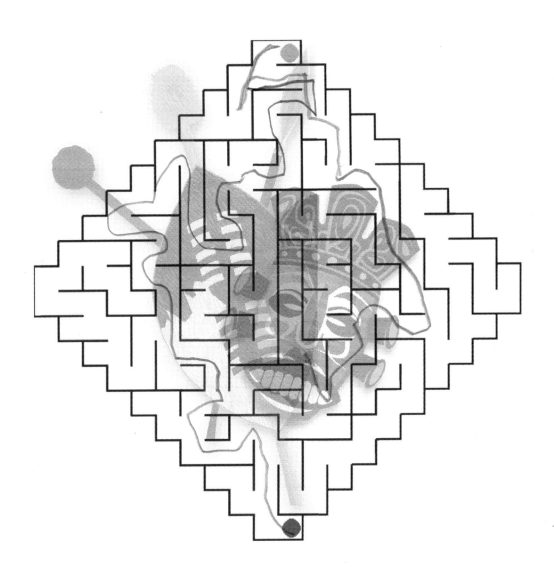

Who was Hattie McDaniel?

Who was Garrett Morgan?
What are two things that he did?

Who shot Martin Luther King?

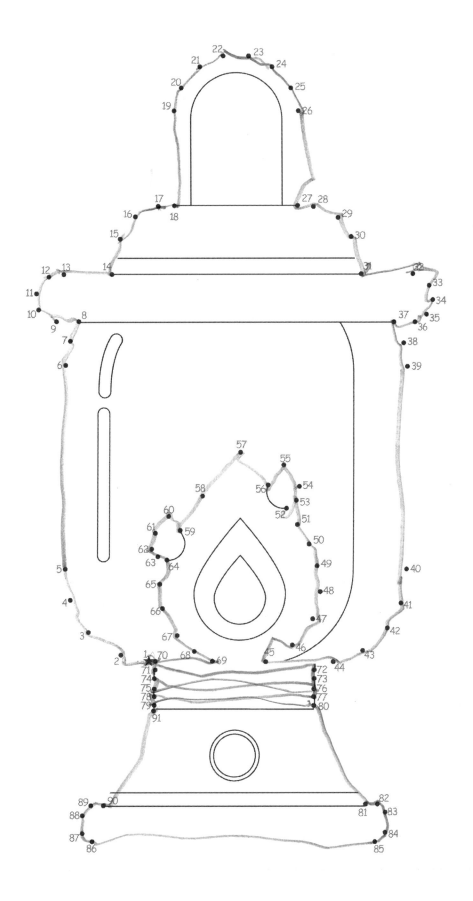

Who was Henry "Box" Brown?

Puzzle #8

SOUTHEAST AFRICA

```
I L I H A W S A T F B L U Z N
K M S E C L A M A W K F O C E
V A A V A E U E A Y H U L R T
Q K M M N C C R D R V F H C U
Z O B B U D H U T U A A T O T
W N U A A I T O P S D B N X S
P D R S K N G H L X I F G N I
T E U O P K Y N K I K U Y U X
L R G G Y A A O A U A L I E L
D C H A G G A L R L L S H R L
X L L A N Z N D E O L L A S L
T B N P Z D B N X N I V I A R
D I K P I C A W Q V J C V H M
P B V B J K C B H J S I K O S
U E X D Z A A H C D W J N G C
```

ACHOLI	GANDA	LUHYA
ALUR	HUTU	MAASAI
AMERU	KALENJIN	MAKONDE
ANUAK	KAMBA	NUER
BANYORO	KIKUYU	SAMBURU
BASOGA	KWAMA	SHILLUK
CHAGGA	LANGI	SWAHILI
DINKA	LUGBARA	TUTSI

Who was the first African American to serve as a U.S. Senate?

Maze #10

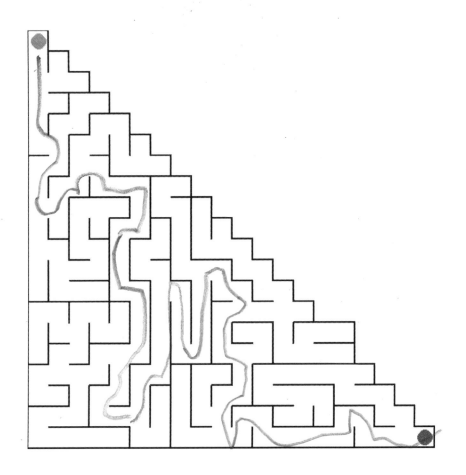

Who was the First African American Noble Peace Prize Winner?

Who was the first African American member of the PGA?

Who was Jean Baptiste Pointe Du Sable?

_____

_____

_____

Who is Bobby Seale?

_____

_____

Who is Ava Duvernay?

_____

_____

What liberties did the 15th Amendment give African Americans?

Who was the first African American to serve as a U.S. Supreme Court Justice?

What Liberties did the 13th Amendment give to African Americans?

Who was Richard Theodore Greener?

Who was Daniel Hale Williams & What did He do?

The End!

BANTU GROUPS
Puzzle # 1

BANTU GROUPS
Puzzle # 2

CENTRAL AND EAST AFRICA
Puzzle # 3

FIND THE CITIES OF KENYA
Puzzle # 4

FIND THE CITIES OF NIGERIA
Puzzle # 5

I	A		A	B	A	K	A	L	I	K	I	R	U	N
R	B	T	O	M	B	T		J						
	A	A	E	G	E		U		U					
	I	B	D	M	N	N		K	E	B	M	O	G	
B		T	A	A	I	I	N		O		A	A		
T	U		I	L	N	J	L	O		E		K		
	E	G		K	A	U		A	B		B	P		I
	A	K	U	R	E	C	A	I	J	A		A		K
	D		E	M		O		S	H	E		W		E
		U		A		D		U	C	N	F		J	
		B		T	A	B	A	S	A	W	G	U	U	A
				S		W					A	G		
		I	B	B	E	K	N	I	N	R	I	B	B	U
		F			A									
		E		I	L	O	R	I	N					

FIND THE CITIES OF NIGERIA
Puzzle # 6

		O	M	I	N	N	A			O		
			S	A	R	A	S			M		
I	R	R	E	W	O	N	U	H	U		U	
L		M			M	A	G	S	K	O	A	
E		A			O	N	U	T	K	R		
K			K		L	B	I	D	I	A	L	
K	A	R	U		U		A	G	M	I	N	U
I	A	F	F	O		R		F	O	A	A	O
	B				D		I	L	G	M	O	
L		O	B	K	A	T	S	I	N	A		O	S
O	N		A	A	N			G		K	H	
	K	D		D		N	O			O	E	O
		O		U		E	O	R		S	N	G
			J	N		W			O		E	B
			A	Y	I	R	A	M	U	K		O

NORTH AND WEST AFRICA ETHNIC G
Puzzle # 7

	M	A	G	H	R	E	B	I	S				N
				C	E								U
A					O	G			D				B
I	R				P	Y		E		M	I		
	B	A	K	A		T	P		N		O	A	
	E	U	B	E	R	B	E	R	S	T	D		O	N
K	N		B	M	U	A	D	A	F	A	I	B	R	S
	I		T		A	O	G				N	A	S	E
Z	N	F		E		B	B	G				N	
A		I	E		K		A	U	A				S
G	R		T			E		A	O	B			
H	A	U	S	A			L		S	T			
A			F		R		G	E	R	A	U	T	
W				A				D		B			
A				H	U	K	A	K	A	N			

SOUTHEAST AFRICA
Puzzle # 8

I	L	I	H	A	W	S	A					
K	M	S		L	A	M	A	W	K			
A	A		A		U	E	A	Y	H	U	L		T
K	M		N	C		R		R					U
O	B	B	U	D	H	U	T	U	A				T
N	U	A	A	I		O				B			S
D	R	S	K	N	G		L				G	N	I
E	U	O		K	Y	N	K	I	K	U	Y	U
	G	G		A	A	O	A	U	A			E	L
C	H	A	G	G	A	L	R	L	L	S		R
		N			E	O		L	A	
			D			N		I	A
			A				J		H	M
								I		S
									N	

Puzzle #1
MAJOR ETHNIC GROUPS

Kongo	=	Angola
Maghrebis	=	Algeria
Nilotes	=	Nile Valley
Nubians	=	Egypt
Oromo	=	Ethiopia
Shona	=	Mozambique
Somali	=	Djibouti
Wolof	=	Senegal
Yoruba	=	Nigeria
Zulu	=	South Africa
North Arabs	=	Morocco
Afrikaans	=	Namibia

Puzzle #2
MAJOR ETHNIC GROUPS REGIONS CO

Akan	=	West Africa
Abyssinians	=	HornofAfrica
Bantu	=	East Africa
Berbers	=	Maghreb
Chewa	=	Malawi
Amhara	=	Ethiopia
Fulani	=	West Africa
Hausa	=	Niger
Hutu	=	Rwanda
Igbo	=	Nigeria
Kanuri	=	Chad
Khosian	=	Namibia

Puzzle #3
MATCH LANGUAGE TO REGION

Arabic   =   Comoros

Berber   =   Morocco

Amharic   =   Ethiopia

Tigrinya   =   Eritrea

Malagasy   =   Madagascar

English   =   Zambia

Chewa   =   Malawi

Sesotho   =   Zimbabwe

Swahili   =   Tanzania

Swati   =   Swaziland

Shona   =   Sindebele

Xhosa   =   Gauteng

Puzzle #4
MATCH THE CITY TO THE REGION

Mekelle = Tigray

Gondar = Amhara

Adama = Oromia

Jijiga = Somali

Bonga = SNNPR

Oujda = Oriental

Balamba = Katanga

Bagata = Bandundu

Kabambare = Maniema

Kiffa = Assaba

Boutilimit = Trarza

Ghabou = Guidimaka

Maze #1

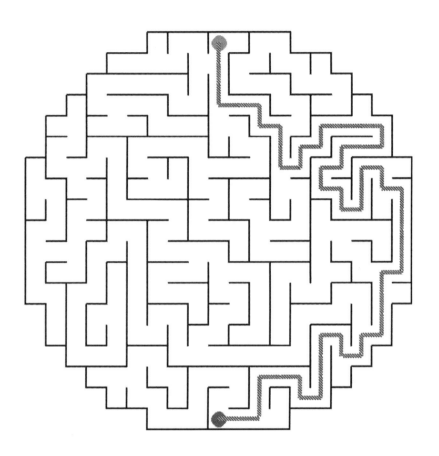

Maze #2

Maze #3

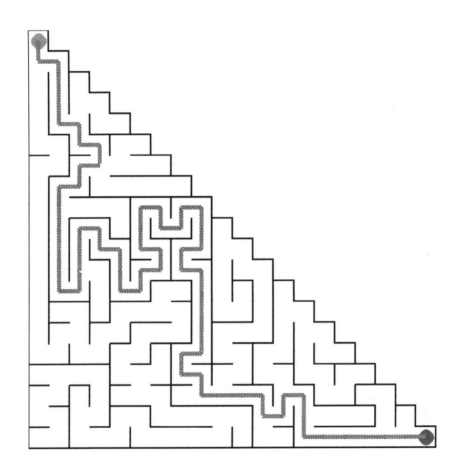

Maze #4

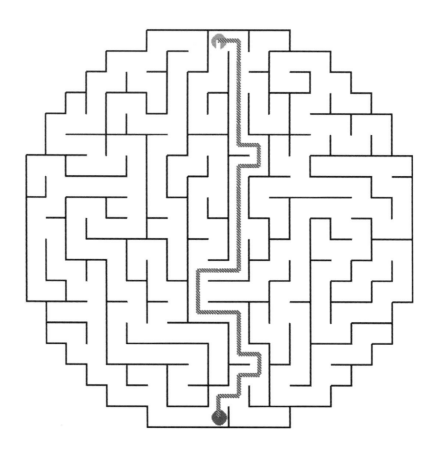

Maze #5

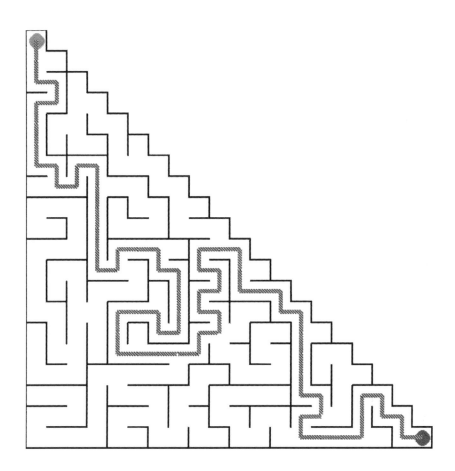

Maze #6

Maze #7

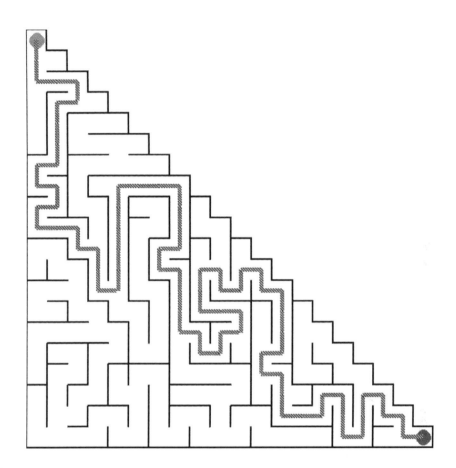

Maze #8

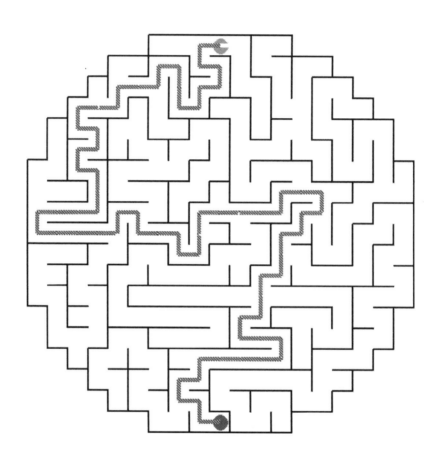

Maze #9

Maze #10

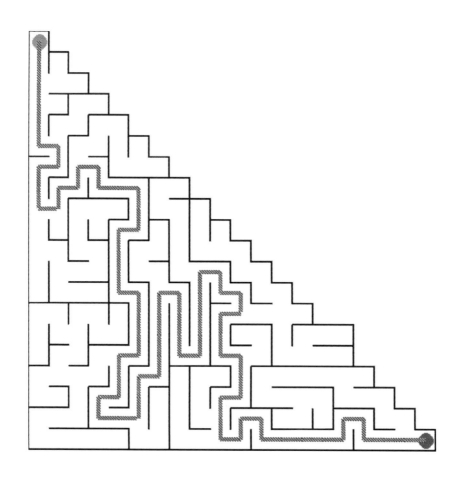

Made in the USA
Coppell, TX
22 June 2020